LIVELLO 4 · B1
2000 parole

GIRO D'ITALIA CON UN CLIC

Maurizio Sandrini

Letture Italiano Facile

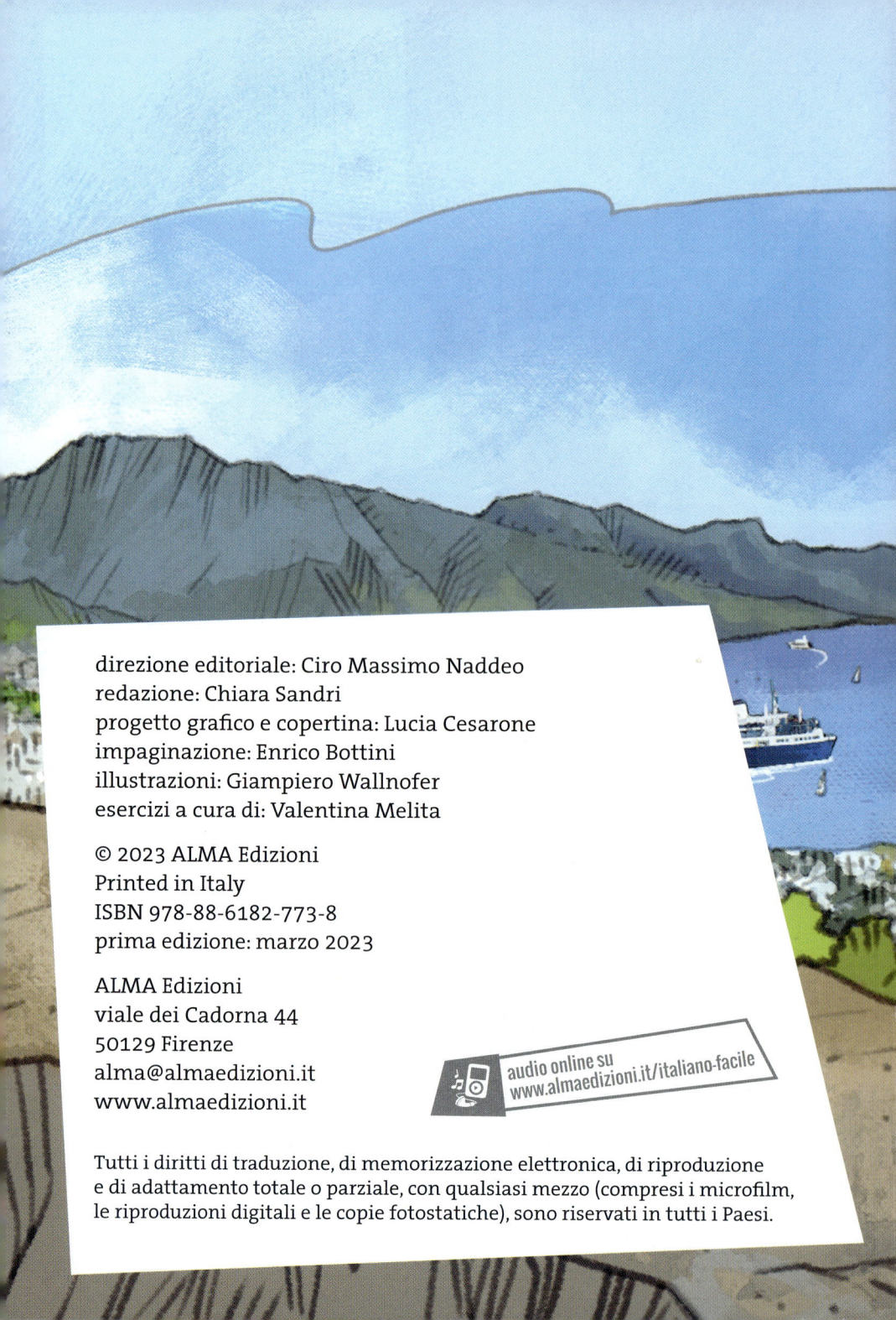

direzione editoriale: Ciro Massimo Naddeo
redazione: Chiara Sandri
progetto grafico e copertina: Lucia Cesarone
impaginazione: Enrico Bottini
illustrazioni: Giampiero Wallnofer
esercizi a cura di: Valentina Melita

© 2023 ALMA Edizioni
Printed in Italy
ISBN 978-88-6182-773-8
prima edizione: marzo 2023

ALMA Edizioni
viale dei Cadorna 44
50129 Firenze
alma@almaedizioni.it
www.almaedizioni.it

audio online su
www.almaedizioni.it/italiano-facile

Tutti i diritti di traduzione, di memorizzazione elettronica, di riproduzione
e di adattamento totale o parziale, con qualsiasi mezzo (compresi i microfilm,
le riproduzioni digitali e le copie fotostatiche), sono riservati in tutti i Paesi.

INDICE

Giro d'Italia con un clic .... pagina 4
Esercizi .... pagina 46
Soluzioni .... pagina 63

1 • Chi c'è in casa?

Sono le nove e un quarto. È una bella domenica di maggio, il cielo sopra Milano è azzurro e molti si preparano a fare una passeggiata o una gita fuori città. Roberto no. Roberto di solito dorme poco, anche oggi è in piedi da due ore e alle nove e un quarto beve già il suo caffè numero tre. Beve molti caffè, la sua moka lavora molto. Lui no: Roberto purtroppo non lavora molto; fa molti lavori, che però non significa la stessa cosa. Molti lavori e pochi soldi.
Ora sono le nove e mezza e Roberto è in cucina e sta preparando il caffè numero quattro. Guarda la strada dalla finestra della cucina.
Una famiglia sta entrando in macchina, i bambini gridano: "Evviva, andiamo dai nonni!"

– Alberto, Serena! – dice la madre.
– Serena, Alberto... – dice il padre.
– Andiamo dai nonni, andiamo dai nonni! – continuano a dire i bambini.

Sotto casa di Roberto, un uomo con un cane sta leggendo il giornale seduto al bar. Il cane dorme. Ogni tanto alza la testa.
L'uomo dice: – Buono, Arturo – e il cane abbassa la testa.
Arriva il cameriere e porta un cappuccino.

– Ecco a Lei, signor Fulvio!
– Grazie – dice l'uomo, e continua a leggere.

A un tavolo vicino, degli anziani stanno parlando di politica, di sport o di tutte e due le cose insieme.

▶ note

moka • tipica macchina italiana per fare il caffè

buono • in questo caso significa: tranquillo (= stai tranquillo, fai il buono) *Mio figlio ha sei mesi e durante il giorno non sta mai buono.*

Davanti al bar, una ragazza sta salutando un ragazzo.

– Andrea! Da quanto tempo...!

Il ragazzo abbraccia la ragazza e dice:

– Ciao Sofia!

La strada è sempre piena di storie. Anche la domenica. Ma il caffè numero quattro è quasi pronto.
Sono le nove e trentacinque. Roberto sente dei rumori in soggiorno. Strano. Lui vive solo e non ha gatti, o cani.
Forse è la tv. Ma Roberto non ha la tv.

– Chi è? – chiede – C'è qualcuno in casa? – Rumore di sedie.

Roberto prende un coltello dalla cucina.

– C'è qualcuno in casa? – ripete. Va verso il soggiorno.

Il corridoio è piccolo, dalla cucina al soggiorno ci sono due metri. Roberto si ferma. In soggiorno qualcuno dice:

– Accidenti!
– Chi c'è in casa? – grida Roberto, ed entra in soggiorno.

In soggiorno trova un signore con una giacca blu, capelli biondi, con gli occhiali. In mano ha uno strano oggetto, come un telecomando.

– Lei chi è? – chiede Roberto.
– Mi scusi – dice l'uomo – Dove sono?

---

note ◄

coltello

telecomando • oggetto che serve per cambiare i canali della tv a distanza *Non trovo più il telecomando!*

Non è la domanda che Roberto si aspettava. Roberto non sa cosa rispondere.

– In casa mia! – dice.
– Sì, ma in che città? Siamo a Milano?
– Beh... sì. – L'uomo non sembra un tipo pericoloso, pensa Roberto e abbassa il coltello. – Ma Lei chi è? Perché è in casa mia?

fai gli ESERCIZI
vai a pagina 46

2 • L'invenzione

traccia 2

– Questo in effetti è un problema – dice l'uomo e lavora sul suo telecomando come un tecnico che ripara qualcosa. – Io volevo essere a Milano, ma non a casa Sua. Ah, mi scusi. Mi presento: Filippo Vinci. Sono un... inventore.
– Piacere – dice Roberto, e mette il coltello sul tavolo – io mi chiamo Roberto. Ma come... come ha fatto a entrare in casa mia? Non credo che sia entrato dalla porta ed è impossibile che sia passato dalla finestra: siamo al terzo piano!
– Sì, infatti questo è un problema, e chiedo scusa. Mi posso sedere?
– Prego. Ah, un attimo... vuole un caffè?
– Sì, perché no, grazie. Ma possiamo darci del tu?
– Certo, va bene!

Roberto va in cucina, torna con il caffè e due tazzine. Filippo Vinci è seduto al tavolo, osserva il suo telecomando con attenzione.

– Vedi, Roberto, questa è la mia invenzione. Con questo oggetto posso andare dove voglio, con un semplice "clic".

 note

inventore • chi inventa qualcosa; scienziato che trova nuove soluzioni e progetta nuovi dispositivi *Leonardo da Vinci era un grande inventore.*

6 ALMA Edizioni • Letture Italiano Facile

– Cosa? Vuoi dire... teletrasporto?
– Proprio così. Il caffè per me senza zucchero, grazie.
– Ah, certo sì... Ma come funziona? Lo posso vedere?
– Sì, guarda. Vedi? C'è un piccolo monitor...
– Sì, è come un telefono...
– Esatto. Qui puoi selezionare la città dove vuoi andare. Per ora è possibile viaggiare solo in Italia.
– Beh, non è poco!
– Sì, e puoi anche decidere l'ora e il giorno del teletrasporto.
– Incredibile. E funziona?
– Beh, come vedi, lo devo ancora perfezionare: se funzionasse perfettamente, non sarei qui in casa tua. Non dovrei entrare nelle case delle persone in questo modo, ma spostarmi solo in spazi aperti: piazze, strade...
– Veramente incredibile. Potrei... provare? No, vero?
– Beh, solo una persona può usare il *Ciaociao*. Voglio dire... Due persone insieme non possono usarlo.
– Ah, capisco... Ma... si chiama *Ciaociao*?
– Sì, è il nome del... ehm, dell'invenzione. Per ora, almeno. Non ti piace?
– Beh...
– Sì, non è il nome più bello del mondo, ma questi sono problemi di marketing, credo che sia ancora presto per un nome definitivo, non pensi?
– Sì, è vero...
– Comunque, per ora funziona solo con una persona alla volta.
– Certo, capisco.
– Ma forse...
– Forse cosa?
– Puoi mettere la tua mano sulla mia spalla, per favore? Forse così potremmo viaggiare insieme.

---

note ◂

selezionare • scegliere dopo un'analisi attenta *Il suo lavoro è selezionare le persone più adatte a lavorare nell'azienda.*
perfezionare • migliorare *Ho finito il progetto, ma devo ancora perfezionare gli ultimi dettagli.*

Giro d'Italia con un clic

– Così?
– Sì, così. Allora, dove vorresti andare?
– Beh, non so...
– Dai, dimmi un posto che vuoi visitare.
– Non sono un grande viaggiatore, ci sono tanti posti che non conosco...
– Napoli? Il Vesuvio?
– Il Vesuvio? Sì, potrebbe essere interessante...
– Allora seleziono V... ecco: "Vesuvio". La mano sulla spalla? Ok, bravo. Pronto?

CLIC!

Per un attimo Roberto vede tutto bianco, come quando si fa una foto con il flash. Poi sente qualcosa di diverso.
La prima cosa è l'aria: c'è un'aria fresca, diversa da quella di Milano. E il sole è più caldo.
A poco a poco Roberto può vedere il paesaggio intorno: lui e Filippo sono sul Vesuvio, proprio sul punto più alto!

– Filippo, questa può essere l'invenzione del secolo! Una cosa meravigliosa: viaggiare senza auto, senza treno, o aereo...
– Sì, ma è un'invenzione anche pericolosa.
– Perché?
– Non capisci? Senza auto, senza aereo... puoi immaginare i problemi: persone che rimangono senza lavoro, niente più macchine, treni, aerei...
– Beh, questo è un bene, no?
– Sì, ma anche un problema. Voglio dire, un cambiamento così grande deve avere i suoi tempi... Infatti "loro" odiano la mia invenzione...
– "Loro" chi?
– Loro: le aziende automobilistiche, le compagnie aeree... e tutti quelli

▶ note

secolo • 100 anni *Mio padre è nato nel secolo scorso.*
automobilistiche • dell'automobile, che producono auto *In Italia ci sono importanti aziende automobilistiche.*

8 ALMA Edizioni • Letture Italiano Facile

che lavorano nei trasporti. Vogliono fermare i miei studi. Ai poteri forti la mia invenzione non piace...

Filippo si guarda intorno, parla piano. Ma è una bella mattina di domenica e sul Vesuvio ci sono solo loro due.

– Facciamo un giro, qui sul Vesuvio: vuoi?
– Sì, però fa un po' freddo...
– Sì, un po'... Guarda laggiù.
– Napoli.
– Sì.
– Sai che il Vesuvio è un vulcano ancora attivo, vero? Può svegliarsi da un giorno all'altro.
– Sì? Ma allora, tutte queste case qui sotto? Non sono lontane.
– Questo è un problema – dice Filippo. – Un grosso problema. Uno dei tanti problemi di questa città. Ma è bellissima, non trovi?

Roberto e Filippo camminano sul Vesuvio e guardano Napoli poco lontano. È veramente molto bella, un panorama meraviglioso. Dalla loro posizione possono vedere le isole di Capri e Ischia in lontananza, le navi che arrivano nel golfo di Napoli piene di turisti, le barche a vela nell'azzurro del mare...

– Beh, siamo a Napoli, no? Allora direi di prendere un buon caffè!
– Un altro...?
– Sì, ma il caffè a Napoli è speciale, come la pizza. Ma per una pizza è troppo presto, invece un caffè a quest'ora è perfetto.

Filippo prende il suo *Ciaociao*, scrive qualcosa.

CLIC!

fai gli ESERCIZI
vai a pagina 47

note ◂

vulcano   barche a vela

3 • Dal Vesuvio alla Liguria

traccia 3

Ora i due uomini sono davanti al "Caffè del Professore", una famosa caffetteria di Napoli dove si beve l'autentico caffè napoletano.

– Ecco, questo penso che sia il posto giusto! Sai che in questo bar hanno sessanta diversi tipi di caffè?

Roberto guarda sorpreso il bar e poi Filippo.

– Cosa? Sessanta? Veramente?
– Sì! Entriamo?

I due uomini entrano. Il bar è pieno di gente e c'è un forte, buonissimo, odore di caffè. Uno dei baristi li vede e dice:

– Buongiorno, signori! Volete una buona *tazzulella 'e caffè*?
– Sì, grazie! – risponde Filippo. – Due caffè!

Con pochi rapidi movimenti esperti, il barista prepara il caffè e mette davanti ai due uomini due tazzine e due bicchieri d'acqua. Filippo e Roberto sanno bene che prima di bere un buon caffè bisogna pulire la bocca con un po' d'acqua. Poi bevono il caffè.

– È straordinario! – dice Roberto.
– Sì – dice Filippo. – Secondo me, nessuno in Italia lo fa come in questo bar, qui a Napoli.

Dopo il caffè, Roberto e Filippo escono dal bar. Filippo si tocca la pancia.

– Ma tu non hai fame?
– Beh, se devo essere sincero... sì!

▶ note

tazzulella 'e caffè • in napoletano significa: una tazzina di caffè.

pancia

– Io prenderei volentieri una focaccia... che ne pensi?
– Una focaccia? A Napoli?
– No, certo. È una specialità ligure. Ti piace la Liguria? A maggio dev'essere molto bella.
– Io conosco solo Genova.
– Bene, allora andiamo a Portofino: mano sulla spalla. Pronto?

CLIC!

Come prima, luce bianca. Adesso l'aria è più calda. Roberto sente l'odore del mare. A poco a poco capisce dove si trovano: sul lungomare di Portofino. C'è poca gente a quest'ora di domenica e nessuno si accorge dei due uomini.

– Perfetto – dice Filippo, e guarda felice il suo *Ciaociao*.
– Veramente incredibile. Ancora non posso credere che possiamo viaggiare così. – dice Roberto.
– Vero? Però non è possibile andare all'estero...
– Va benissimo così, Filippo.

Poco lontano c'è un fornaio.

– Lì di sicuro troviamo le focacce. – dice Filippo.

Comprano due focacce: sono calde, buonissime. Ora in giro vedono famiglie in bicicletta, qualcuno sta prendendo il sole in spiaggia. Molti camminano e parlano, leggono il giornale sulle panchine. Tutto è tranquillo. Filippo però no: è nervoso. Si guarda sempre intorno.

– Che c'è, Filippo? Perché sei nervoso?
– Loro sono qui.
– Chi?
– Vedi quei due uomini? Sono qui per me.

---

note ◂

focaccia • pane basso tipico della Liguria, composto da un impasto di farina, acqua, sale olio e lievito *Cosa? Sei stato a Genova e non hai mangiato la focaccia?*
si accorge (inf. accorgersi) • nota, fa caso, vede *Il gatto sembra dormire, ma si accorge di tutto.*

panchine

A circa cinquanta metri, davanti a un bar, ci sono due uomini con
gli occhiali scuri. Uno più alto, l'altro robusto. Sembrano chiacchierare,
ma ogni tanto guardano verso Filippo.

– Sì, li vedo. Parlano e guardano.
– Già. Sono sicuro che sono qui per me. "Loro" sanno sempre dove
sono. Non so perché, ma è così.
– Cosa facciamo?
– Prima di tutto finiamo le focacce. Sono buonissime, vero? Poi
pensiamo a cosa fare.

Filippo cerca qualcosa nel suo zainetto. Prende un altro *Ciaociao*.

– Ne hai due? – chiede Roberto.
– Sì, questo è il primo modello, ma funziona bene. L'ho preso perché
ora dobbiamo andare in due posti diversi.
– Cosa? Vuoi dire che...?
– Sì, ci dividiamo: tu usi l'altro *Ciaociao*, ma solo per tornare a casa.
Più tardi ti raggiungo e me lo riprendo. D'accordo?
– Sì, d'accordo ma... non pensi che sia pericoloso? Andare a casa mia,
voglio dire?

Ma arrivano i due uomini.

– Lei è il professor Vinci? Deve venire con noi!
– Roberto, presto!

Filippo seleziona una città sul suo *Ciaociao* e... CLIC! Scompare.
I due uomini cercano Filippo, ma lui non c'è più.
Intanto anche Roberto prova a selezionare una città sul suo *Ciaociao*.
Vuole andare a Milano, a casa. Ma il menù scorre troppo veloce, L, M, N,
O, P... e CLIC!

fai gli ESERCIZI
vai a pagina 48

▶ note

scuri • il contrario di "chiari" *Penelope Cruz ha gli occhi scuri.*
scorre (inf. scorrere) • si muove dall'alto verso il basso o da destra a sinistra *Non riesco a leggere cosa c'è scritto sullo schermo: il testo scorre troppo veloce.*

4 · Nadia

Luce bianca, rumore di macchine. Un forte rumore di traffico. Roberto non riesce a capire dove sia finito: campagna da una parte, una strada dall'altra. Sulla strada, molte macchine, camion, moto.
Una strada, ma non di una città. Una strada che va da una città all'altra. Ma dove? C'è un cartello poco lontano. Roberto legge: "Pisa 21". Quindi, pensa, Pisa è a 21 chilometri da lì. "È inevitabile", pensa Roberto: "quando penso a Pisa, non posso non pensare alla torre pendente..."
Poi ricorda per un momento una gita a Pisa con la scuola, quando aveva 15 anni. "È da molto tempo che non ci torno. Ma ora, perché sono a 21 chilometri da Pisa?".
Inizia a camminare. Poi ricorda il *Ciaociao*: "Che stupido – pensa – posso andare dove voglio". Prende il *Ciaociao* e torna a cercare Milano.
Ma dietro sente un rumore. Arriva una macchina. Si ferma. Scende una donna. È molto nervosa. E molto bella.

– No, non puoi farmi questo! Non adesso!

Roberto capisce che la donna parla con la macchina. La macchina è ferma.

– No, no.... ti prego...!

La donna guarda nel motore. Poi indica Roberto.

– Lei! – dice.
– Io?
– Sì, Lei: è un meccanico? Voglio dire: sa riparare una macchina?

---

note ◄

motore • elemento meccanico che permette alle auto di muoversi *La Ferrari ha un motore molto potente*.
indica (inf. indicare) • usa il dito per mostrare *Il bambino indica la gelateria: ha voglia di un gelato*.

Giro d'Italia con un clic

– No, io non...
– Per favore, ho bisogno di aiuto: la macchina non parte, ma io sarei dovuta essere a Pisa già da 10 minuti. Sono in ritardo, ho un appuntamento molto importante!
– Non sono un meccanico e non *mi intendo* di motori. – ripete Roberto.
– Dio mio! – grida la donna. – E adesso cosa faccio? L'autostop, è l'unica soluzione! – continua a parlare da sola, non certo con Roberto.

Roberto ha sempre il suo *Ciaociao* in mano. Ha un'idea.

– Dove deve andare?
– A Pisa!
– Sì, ma in che via?
– Corso Italia, perché?

Roberto digita l'indirizzo sul *Ciaociao*.

– Io mi chiamo Roberto – dice, e tende la mano.

La donna guarda Roberto. Pensa: "Questo è un matto. Del resto, se non fosse matto, cosa ci farebbe qui a piedi sulla strada statale?".

– Piacere, Nadia – dice, ma non stringe la mano di Roberto.

Allora Roberto prende la mano di Nadia e... CLIC!

Luce bianca. Pisa. Corso Italia.

– Ma... cosa succede? Dove siamo? – dice Nadia.
– Non vede? A Pisa.
– Sì... è vero! – Nadia si guarda intorno e capisce che quella è proprio Pisa. – E questo è Corso Italia!
– Sì. – dice Roberto.
– Ma... Chi è Lei?

▶ **note**

mi intendo (inf. intendersi) • sono esperto *Non mi intendo di politica, ma la situazione internazionale mi sembra grave.*

14 ALMA Edizioni • Letture Italiano Facile

Giro d'Italia con un clic

– Roberto. Ma Lei è in ritardo, deve andare.
– Io... oddio, ha ragione!

Nadia entra in un palazzo. Roberto non sa cosa fare. Davanti al palazzo c'è un bar. Si siede, chiede un caffè. Il suo caffè numero sei. E aspetta Nadia.

fai gli ESERCIZI
vai a pagina 49

5 • Nel laboratorio

traccia 5

Dov'è andato Filippo Vinci? È tornato nel suo laboratorio, in Valle d'Aosta. Ha scelto la Valle d'Aosta perché è una regione isolata, difficile da raggiungere, ed è anche una regione bellissima. Ma quando Filippo mette il suo *Ciaociao* sul tavolo e va al computer, capisce che dietro di lui c'è qualcuno.

– Professor Vinci, a quanto pare Lei è tanto intelligente quanto ingenuo. – dice una voce.

Chi parla è un uomo elegante: vicino a lui ci sono due guardie del corpo con gli occhiali scuri e braccia grandi come le gambe di Filippo. L'uomo elegante prende il *Ciaociao*:

▶ note

laboratorio • luogo dove si fanno esperimenti *Se vuoi studiare Chimica, dovrai passare molte ore in laboratorio.*
isolata • difficile da raggiungere *La casa dei miei nonni era isolata nella campagna toscana.*
ingenuo • persona che ha troppa fiducia negli altri *Se pensi tutti dicono sempre la verità, sei proprio un ingenuo.*
guardie del corpo • uomini addetti alla sicurezza *Ieri ho visto il presidente della Repubblica in mezzo alle sue guardie del corpo.*

– Pensava di essere più furbo di noi? Come vede, si è sbagliato.
– Chi è Lei? Cosa vuole da me? – chiede Filippo, spaventato.
– Non abbia paura – dice l'uomo. – Non vogliamo farLe del male. Al contrario, Lei con noi è al sicuro. E può continuare il Suo lavoro, a condizione che accetti di lavorare per noi.
– Voi chi? Per chi dovrei lavorare? E su cosa?
– Quante domande... – dice l'uomo – Ma Lei ha ragione, non mi conosce. Allora mi presento: mi chiamo Alfredo Parini, ma suppongo che il mio nome non Le dica niente. Rappresento un gruppo di persone importanti che sono molto interessate al Suo lavoro. Molto.
– Lo immagino – dice Filippo – sono i proprietari delle compagnie aeree, delle case automobilistiche, di tutte le aziende a cui la mia invenzione crea problemi.
– Sì, questi e molti altri. – dice Parini.
– Ma cosa volete da me? – chiede Filippo.
– Niente. Niente di difficile per Lei, professore. Lei è un grande inventore e non vogliamo certo che smetta di lavorare. Però non vogliamo che lavori ancora su questo apparecchio – dice, e indica il *Ciaociao*. – Questo apparecchio è pericoloso, e Lei lo sa: e perché vorrebbe usare il Suo genio per una cosa pericolosa? Lo sa che, con la Sua invenzione, milioni di persone potrebbero perdere il lavoro?
– Sì, lo so. E altre potrebbero perdere il loro potere. Ed è questo che a voi interessa.
– A noi interessa il Suo genio – dice Parini – e abbiamo molti soldi da investire in progetti più importanti e utili. E se dico "investire", intendo molti soldi, professore. Lo vede, non La sto minacciando. Le sto proponendo un affare.
– Un affare?

---

note ◂

genio • qui significa: intelligenza *Ha dovuto usare tutto il suo genio per risolvere il problema.*
investire • usare soldi in modo da ottenerne di più in futuro *Ho venduto la mia casa e ora vorrei investire una parte dei soldi.*
minacciando (inf. minacciare) • spaventare qualcuno con la promessa di un male come conseguenza di una sua possibile azione *Mi stanno minacciando: se non faccio quello che dicono, faranno qualcosa di brutto alla mia famiglia.*

– Ha capito bene. Lei lavora per noi ad altri progetti e noi Le daremo il laboratorio più bello, efficiente e tecnologicamente avanzato mai visto al mondo.
– Altri progetti? Che progetti?
– Energie rinnovabili. Automobili che non hanno bisogno né di benzina, né di elettricità, ma di qualcosa di economico, facile da trovare e da acquistare; ma siamo sicuri che Lei avrà idee interessanti, al riguardo. Le chiediamo solo una cosa: dimenticare questo progetto del teletrasporto.
– Capisco – dice Filippo. – E capisco anche che non posso dire di no.
– Ma certo che può dire di no – risponde Parini – Ma a quel punto, entrerebbero in azione i miei due amici. – e indica i due uomini enormi accanto a lui. – Lei è una persona intelligente e sono sicuro che non è tanto ingenuo.
– Quanto tempo ho per pensarci?
– Tempo? – sorride Parini – Il tempo è relativo, uno scienziato come lei dovrebbe saperlo. Noi non abbiamo tempo. Non con questo *Ciaociao* in circolazione. A proposito – Parini guarda Filippo negli occhi – i miei uomini in Liguria mi hanno detto che con Lei c'era un'altra persona. E che è sparita nel nulla, come Lei.

fai gli ESERCIZI
vai a pagina 51

▶ note

avanzato • che è avanti, quindi progredito, sviluppato *Mi piace lavorare con gli studenti di lingua di livello avanzato.*
rinnovabili • che non finiscono e si possono sostituire con altre nuove *In quest'azienda fanno contratti di due anni rinnovabili.*
relativo • che ha rapporto con un'altra cosa, quindi non assoluto *Ogni giudizio è relativo.*

6 • Aperitivo a piazza Navona

Pisa, Corso Italia. Dopo 30 minuti, Nadia esce. È felice, sorride. Vede Roberto seduto al bar.

– Lei, ... tu... Grazie! Come posso ringraziarti? – dice Nadia.
– Tutto bene?
– Benissimo! Ma come è possibile che tu... che noi...?

Roberto guarda l'orologio.

– È l'ora dell'aperitivo – dice.
– Cosa? Ah, vuoi un aperitivo? Certo, voglio offrire io, posso?
– D'accordo – dice Roberto – Ma decido io dove. Va bene Roma?
– Piazza Roma? O forse vuoi dire il caffè Roma?
– No, Roma città.
– Cosa...?

Roberto seleziona "Piazza Navona, Roma" sul *Ciaociao*. Prende la mano di Nadia.

– Andiamo – dice.

CLIC!

Luce bianca. Roma. Piazza Navona. C'è un bel sole. Piazza Navona è piena di turisti. Nadia non capisce.

– Cosa...? Dove siamo?
– A Roma.
– ... Sì, è vero, questa è piazza Navona!
– Un buon posto per un aperitivo, non credi?
– Ma come hai fatto?

Si siedono a un tavolo di un bar. Ordinano due aperitivi.

Giro d'Italia con un clic

– Allora? Mi vuoi spiegare? Come è possibile? Come fai?
– Vedi questo? Si chiama *Ciaociao*.
– Ma... cos'è? Un telefono? O un telecomando?
– Con questo possiamo viaggiare senza treno, senza aereo, senza macchina. Devo solo selezionare la città e poi fare "clic". E... ciao, ciao!
– Teletrasporto! Come nei film!
– Sì.
– Ma... è incredibile!

Roberto racconta a Nadia il suo incontro con Filippo.

– È veramente incredibile! – ripete Nadia.
– Sì. Salute! – dice Roberto e alza il bicchiere.
– Cin cin! Ma... Oddio!
– Cosa?
– La mia macchina... è ancora sulla strada, ferma...!
– Che problema c'è? Dopo l'aperitivo torniamo lì.
– E come? Ah, già... con il...
– Con il *Ciaociao*.
– Sì... Ahah! Che strano nome, però!
– Sì, non è ancora quello definitivo.
– Ma è divertente. E poi è facile da ricordare: *Ciaociao*. È perfetto!

Quando sorride, Nadia è ancora più bella, pensa Roberto.

– Prima di tornare alla macchina, faccio una telefonata. – dice Roberto.
– Certo.
– Pronto? Buongiorno, la mia macchina è ferma al chilometro 21, sulla Strada Statale per Pisa. Potete venire? Bene. Quando pensate di arrivare? Perfetto, grazie.

Roberto guarda Nadia con un sorriso.

---

note ◂

Salute • significa: "alla tua / nostra / vostra salute!"

Cin cin • un augurio tipico dei brindisi, richiama il suono dei bicchieri che si toccano *Allora, brindiamo? Cin cin!*

Giro d'Italia con un clic

– Era il soccorso stradale: abbiamo almeno 30 minuti di tempo. Facciamo una passeggiata? Il Pantheon non è lontano.
– 30 minuti? Per cosa?
– Per fare una passeggiata e poi tornare alla macchina prima che arrivi il soccorso stradale. Dai, andiamo, oggi è una giornata così bella...!

Nadia ride. Roberto è felice. Nadia è la donna più bella del mondo ed è con lui, a Roma, lui e lei da soli. Solo fino a poche ore fa era da solo nella sua casa di Milano, senza troppe idee né speranze sul suo futuro e ora sta passeggiando per Roma con una donna bellissima, come se fosse la cosa più normale del mondo. "Questo è veramente incredibile", pensa. Camminano per le strade di Roma e, dopo pochi minuti, arrivano al Pantheon.

– Quanto amo questo monumento! – dice Roberto.
– Sì, è un luogo magico! Sai che non sono mai entrata?
– Davvero? Beh, allora... entriamo! – dice Roberto e prende Nadia per mano.
– Ma dentro è ancora più incredibile! Non pensavo che fosse così grande!
– Sì, è enorme. Qui ci sono le tombe di re e regine d'Italia e...
– ...E quella di Raffaello! Ma queste cose le sanno tutti, dai!
– Beh, tutti... – dice Roberto – Io le ho sapute solo pochi anni fa...

I due ridono, qualcuno fa "Ssttttt!". Roberto e Nadia continuano a ridere, ma in silenzio. Dopo mezz'ora escono dal Pantheon. Nadia guarda Roberto. Sorride. È felice.

– Dobbiamo andare alla tua macchina. – dice lui.
– Sì. Sono pronta.

CLIC!

fai gli ESERCIZI
vai a pagina 52

7 • Da Pisa alla Sicilia

La macchina di Nadia è sempre ferma sulla strada per Pisa.

– Devo prendere qualcosa dentro. – dice Nadia.
– Va bene. Tra poco arriva il soccorso stradale.

Ma in quel momento Roberto sente una voce conosciuta.

– Ciao, Roberto.
– Filippo! Cosa fai qui?
– Come stai? – domanda Filippo. Poi vede Nadia. – Non pensavo che fossi in compagnia di qualcuno, scusa...
– Ah, lei è Nadia. Nadia, lui è Filippo Vinci...
– Ah, l'inventore! Congratulazioni, il Suo *Ciaociao* è meraviglioso!
– Grazie... – dice Filippo. Poi continua con la voce più bassa. – Roberto, scusa, possiamo parlare un minuto?
– Certo, certo... Ma come sapevi che ero qui?
– Un *Ciaociao* sa sempre dov'è un altro *Ciaociao*. Basta usare la funzione "ricerca" e il mio *Ciaociao* può seguire i movimenti del tuo. Ora però me lo devi restituire, Roberto.
– Certo, Filippo, solo che...

Proprio in quel momento, da una macchina nera escono due uomini con gli occhiali scuri, uno è alto, l'altro un po' più basso.
Vanno verso Roberto, con aria minacciosa.

– No! – grida Filippo. – Lasciate fare a me!
– Che cosa succede? – chiede Roberto – Chi sono questi uomini? E perché sono qui?

◂ note

aria minacciosa • con un atteggiamento di chi vuole minacciare qualcuno *Il dittatore parlava alla tv con aria minacciosa.*

Giro d'Italia con un clic   23

– Roberto, scappa! – dice Filippo. – Ricorda: un *Ciaociao* sa sempre dov'è l'altro... Devi stare attento...

Nadia non capisce, ha paura. Stringe la mano di Roberto.

– Professore, prenda l'altro apparecchio o lo facciamo noi! – gridano i due uomini.

Roberto digita in fretta qualcosa sul suo *Ciaociao*.

– Andiamo via di qui, Nadia!

CLIC!

Luce bianca. Una spiaggia, poca gente. Il mare azzurro. Silenzio.

– Ma... dove siamo? – chiede Nadia.
– In Sicilia. – risponde Roberto. – A Taormina. Ho selezionato questo posto sul *Ciaociao*.
– A Taormina? Perché? E chi erano quegli uomini?
– Poi ti spiego. Adesso devo fare una cosa sul *Ciaociao*...

Roberto cerca di capire dov'è la funzione "ricerca" che gli aveva descritto Filippo. Non la trova. Vede solo un bottone che non aveva notato prima. Lo preme e una luce rossa si spegne.

– Spero che così non ci trovino. – dice.
– Ma chi? – chiede Nadia. – Chi sono quegli uomini?
– Persone che non amano il *Ciaociao*. Credo che abbiano preso Filippo e il suo *Ciaociao* e che ora vogliano anche il mio.
– Ma... sono pericolosi?
– Non lo so. Sicuramente non sono amici. Ma ora dovremmo essere al sicuro. E poi guarda che bello, qui. Siamo a Taormina. Vuoi fare un giro in città? Così vediamo il famoso teatro greco.
– Ma non hai paura, Roberto? Se quegli uomini dovessero tornare?
– Forse sono riuscito a disattivare la funzione "ricerca", così non possono più trovarci. Non devi avere paura. – Roberto stringe la mano di Nadia.

ALMA Edizioni • Letture Italiano Facile

– D'accordo.
– Guarda che bella spiaggia, non c'è quasi nessuno... Che ne dici di un bel bagno?
– Ma... io non ho il costume!
– Giusto. Andiamo a comprare i costumi, allora! Guarda, mi sembra che quel negozio sia aperto!

Roberto e Nadia entrano nel negozio e comprano due costumi: Roberto un costume giallo, Nadia un costume intero azzurro. Poi vanno al mare. Non hanno più paura, sono felici di stare insieme in questo posto lontano da tutti. Lasciano le borse sulla spiaggia e corrono in acqua.

– Ah! È fredda! – grida Roberto.
– No, non molto! Devi solo nuotare un po', il movimento aiuta!

Roberto e Nadia giocano un po' con l'acqua, come due bambini. Roberto è felice. Anche Nadia ride e spera che Roberto possa essere la persona giusta per iniziare qualcosa di importante.
Ma mentre scherzano, in spiaggia arrivano due uomini. Hanno gli occhiali neri. Uno è alto, l'altro basso. Cercano qualcosa nella borsa di Nadia, poi nelle tasche della giacca di Roberto. Nadia li vede. Grida.

– Roberto! Ci sono i due uomini di prima!
– Dove?
– Lì!
– Allora quel bottone blu non era quello giusto...

Roberto corre, in costume da bagno, verso i due uomini. Uno dei due ha trovato il *Ciaociao* nella giacca di Roberto.

– Per favore, no! – grida Roberto.
– Scusa ragazzo, ma questo strumento è pericoloso. Abbiamo ordini precisi. Dobbiamo prendere i due *Ciaociao*.

---

note ◄

costume intero

Giro d'Italia con un clic   25

– No, giuro che questa è l'ultima volta che uso il teletrasporto, per favore...
– Hai una bella ragazza – dice l'uomo basso – puoi essere felice anche senza il teletrasporto. Come tutti.
– Per favore...

Nadia è ancora in acqua e vede Roberto parlare con i due uomini, poi lo vede afferrare il *Ciaociao* e scappare. Ma l'uomo basso corre verso Roberto e lo blocca. Arriva anche l'uomo alto. C'è confusione, cadono tutti sulla sabbia, e poi... CLIC!
I due uomini e Roberto non ci sono più.

– Roberto! Roberto! – grida Nadia.

È rimasta sola, su una spiaggia in Sicilia a quasi 1000 chilometri da casa sua.

– Roberto...

Nadia ha freddo. Si veste. Aspetta ancora un po' sulla spiaggia. Roberto non torna. "E adesso, cosa faccio?" pensa Nadia. Aspetta.
Spera che Roberto in qualche modo riesca a tornare da lei. Ma dopo mezz'ora, capisce che è inutile rimanere lì. Roberto non tornerà.
Allora va alla fermata e prende un autobus per il centro di Taormina. Inizia il lungo viaggio verso casa.

fai gli ESERCIZI
vai a pagina 53

▶ note

giuro (inf. giurare) • promettere con solennità *Non sono stato io, te lo giuro!*

8 • Dal Gran Sasso a Taormina

Luce bianca. Montagne, molte montagne. Roberto è con i due uomini. Pochi secondi prima erano al caldo, sulla spiaggia di Taormina. Qui invece fa freddo. E Roberto è ancora in costume da bagno. Batte i denti per il freddo.

– Ma... dove siamo? – domanda uno dei due uomini.
– Non so... Tu, ragazzo, sai dove siamo?
– In montagna...
– Certo – dice quello alto – questo è chiaro, ma dove?

L'uomo guarda il *Ciaociao* e legge sul monitor: Gran Sasso, Abruzzo.

– Che bel panorama – dice l'uomo basso. – e guardate lì! Si vede anche il mare!
– Ho freddo!! – grida Roberto.
– Senti, ragazzo, noi ora andiamo – dice l'uomo alto. – Io e il mio amico.
– E io cosa faccio qui? Sono in costume da bagno!
– Non possiamo lasciare il ragazzo così – dice l'uomo basso.

L'uomo alto pensa. Poi vede uno zainetto per terra.

– Ma, quello è tuo? – chiede a Roberto.
– Sì, è il mio zainetto!

Roberto apre lo zainetto e prende i pantaloni, la maglia. Si veste in fretta.

– Ci sono anche i soldi? – chiede l'uomo alto.

---

note ◂

Batte (inf. battere) • colpisce. In questo caso, "battere i denti" significa che il freddo provoca brividi molto forti.

28 ALMA Edizioni • Letture Italiano Facile

– Sì... per fortuna metto sempre il portafoglio nello zainetto, e non nella giacca.
– Perfetto. Allora noi possiamo andare. Tu hai i vestiti e i soldi, puoi tornare a casa.
– Ma come faccio...?
– Guarda, lì c'è una strada: fai l'autostop fino alla città più vicina, poi prendi un treno e torni a casa.
– Ma... Nadia?
– Chi è Nadia? – chiede l'uomo basso.
– La ragazza, no? – dice quello alto.
– Ah già, la sua amica. Beh, non è un problema nostro. Noi andiamo.

L'uomo alto guarda le montagne, da quel punto è possibile vedere tutto l'Appennino, il panorama è bellissimo. Sorride.

– Beh, è un bel posto, qui: puoi fare una vacanza. La tua amica al mare, tu in montagna. Divertente, no?

Anche l'uomo basso ride. Poi quello alto seleziona qualcosa sul *Ciaociao*. Tocca la spalla dell'amico.

CLIC!

Roberto rimane solo, in mezzo alle montagne del Gran Sasso. Il posto è bello, ma lui vuole solo tornare da Nadia.
Capisce di amare quella ragazza e l'unica cosa importante per lui adesso è ritrovarla.
Inizia il suo lungo viaggio verso la Sicilia.

fai gli ESERCIZI
vai a pagina 54

Giro d'Italia con un clic 29

9 • Visita a Taormina

— meanwhile

Intanto Nadia ha lasciato la spiaggia ed è arrivata alla città di Taormina con l'autobus. Cerca l'ufficio informazioni e chiede come può arrivare a Catania. A Catania c'è l'aeroporto, dove può prendere un aereo per Firenze, dove vive. Un viaggio lungo, ma certo meglio così che in treno dalla Sicilia a casa.

– Sì, signora, c'è un pullman per Catania, ma parte tra quattro ore.
– Quattro ore? Ma è sicura che prima non ci sia niente? Non so, un treno...
– No, mi dispiace, signora. Per Catania ci sono solo pullman. E oggi ci sono ritardi, il prossimo pullman è solo tra quattro ore.
– Capisco... Potrei avere una mappa della città?
– Certo! Prego!

Nadia decide di passare le quattro ore a Taormina e visitare la città e il teatro greco. Taormina è una città tranquilla ed è bello camminare per le sue piccole strade. Nadia segue la mappa e arriva al teatro. Entra. È veramente bellissimo. Poco lontano da lei c'è un gruppo di turisti che ascolta la guida parlare della storia del teatro:

– Il teatro che vediamo è di epoca romana, me le sue origini sono greche, del terzo secolo prima di Cristo.

Qualche turista fa: "Oh!", molti fanno fotografie al bellissimo panorama che si vede da lì: il mare e tutta la costa a sud di Taormina. Una turista con un grande cappello e gli occhiali scuri chiede:

– Quante persone potevano entrare nel teatro?
– Circa 10 mila – risponde la guida, un giovane con gli occhiali e una maglietta azzurra.

Ancora, qualcuno fa: "Oooh!". Per un momento, Nadia pensa a tutti quei

secoli passati, a come doveva essere splendido il teatro con i marmi
e le pareti affrescate. Pensa anche che ancora oggi, come nel passato,
continua a ospitare spettacoli teatrali, a volte gli stessi dell'epoca antica:
le tragedie greche, le commedie degli scrittori dell'antica Roma.
Poi sale la gradinata più alta del teatro e si siede.
C'è un panorama meraviglioso: il cielo, il mare della Sicilia.
Nadia guarda il panorama e pensa a Roberto, alla giornata di oggi, e
tutto le sembra come un sogno, uno strano sogno. "E se fosse davvero
un sogno? Forse adesso mi sveglio, e la vera giornata deve ancora
cominciare", pensa. Ma non è un sogno. Quel teatro, quel panorama,
sono veri. Il sole di maggio è vero.
"Ma Roberto, dove può essere?"

fai gli ESERCIZI
vai a pagina 55

10 · Due viaggi

Montagne dell'Appennino. Il cielo è sereno e, come diceva l'uomo basso,
dal Gran Sasso si può vedere il mare Adriatico. Mentre aspetta che passi
qualche macchina per fare l'autostop, Roberto guarda il panorama
intorno: conosce bene le Alpi, ma ora scopre che anche l'Appennino ha
panorami straordinari. Passano poche macchine, a quest'ora, ma per
fortuna una si ferma. Dentro c'è un signore anziano. Ha i capelli bianchi.

– Dove va? – chiede l'uomo.
– Non lo so... Qual è la città più vicina?
– Città? L'Aquila.

---

note ◂

marmi • statue e decorazioni di marmo (pietra molto dura, lucida e pregiata) *Andiamo a vedere i famosi marmi del Partenone?*

affrescate • ricoperte di affreschi *Le pareti della Cappella Sistina sono completamente affrescate.*

gradinata

Giro d'Italia con un clic   31

– Da lì posso arrivare a Roma?
– Sì, certo. Ma anche io vado a Roma.
– Davvero? Perfetto.
– Però guido veloce. Sono un ex campione di rally.
– Davvero? Beh, meglio così. Devo arrivare a Roma il prima possibile e poi andare subito all'aeroporto.
– Ah, Fiumicino? Allora La porto direttamente a Fiumicino. Venga, salga su.
– Grazie!
– Pronto?
– Sì.

La macchina parte, velocissima. L'uomo guida bene, ma va molto veloce, forse troppo veloce. Roberto da un lato è felice, perché in questo modo può arrivare a Roma presto, ma dall'altro ha paura perché è la prima volta che viaggia a quella velocità su una macchina. In poco più di un'ora arrivano a Fiumicino. Roberto ringrazia il signore anziano e corre in aeroporto: il volo per Catania sta per partire.

– È fortunato, – dice la ragazza che fa il biglietto. – È l'ultimo posto libero.

Sono le 17:30. L'arrivo previsto a Catania è alle 18:15. Roberto pensa a Nadia: "Chissà cosa fa. Forse pensa a me, come io penso a lei?". Intanto, a centinaia di chilometri di distanza, alla stazione di Taormina, Nadia sta salendo sul pullman per Catania. È stanca, vuole tornare a casa, ma vorrebbe anche sapere dov'è Roberto. "Non sapere niente è terribile", pensa. "Forse è ancora con quegli uomini. Forse..."
Alle 18:15, l'aereo di Roberto arriva puntuale a Catania. Roberto noleggia subito una macchina. Vuole arrivare a Taormina il prima possibile. Ma nell'agenzia di autonoleggio ci sono molte macchine, non sa quale scegliere.

– Ha fretta? – chiede l'impiegato dell'agenzia.
– Sì, molta. Cerco una macchina veloce.
– Allora prenda questa. È la più veloce che abbiamo. – Il signore dà a Roberto le chiavi di una macchina rossa. Una Lancia rossa.

Roberto parte senza aspettare un minuto. Deve assolutamente raggiungere Nadia, prima che sia troppo tardi. Mentre guida, ripensa a lei, a quanto sono stati bene insieme. È sera, il sole al tramonto colora di rosso la strada. Rosso come la Lancia che Roberto sta guidando, immerso nei suoi pensieri. Forse per questo non nota il pullman azzurro che viaggia in senso opposto, in direzione Catania. A bordo c'è Nadia. Ma Roberto non può saperlo.

fai gli ESERCIZI
vai a pagina 57

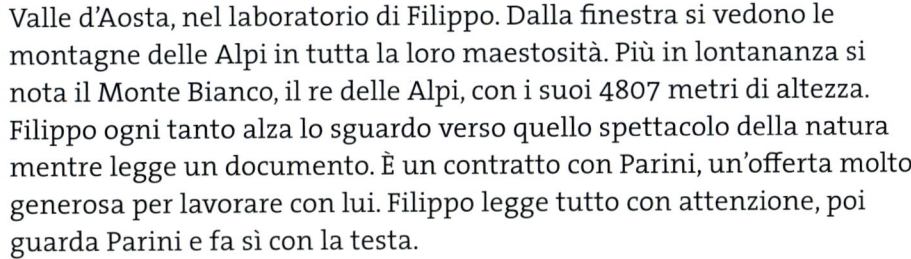

11 • L'accordo

Valle d'Aosta, nel laboratorio di Filippo. Dalla finestra si vedono le montagne delle Alpi in tutta la loro maestosità. Più in lontananza si nota il Monte Bianco, il re delle Alpi, con i suoi 4807 metri di altezza. Filippo ogni tanto alza lo sguardo verso quello spettacolo della natura mentre legge un documento. È un contratto con Parini, un'offerta molto generosa per lavorare con lui. Filippo legge tutto con attenzione, poi guarda Parini e fa sì con la testa.

– Sono molto felice che abbiamo trovato un accordo, professore.

Parini sorride e apre la sua valigetta: è piena di soldi. Vicino a lui ci sono i suoi uomini.

– La cifra che chiede è molto alta – dice Parini – ma, come vede, noi non abbiamo problemi, su questo. Ho scritto la cifra sul contratto. Lo può firmare.
– Avrò bisogno anche di assistenti. Molti assistenti.
– Ne avrà quanti ne vuole.
– Il laboratorio deve essere molto grande.
– Non c'è problema, professore: siamo a Sua disposizione. Ma anche Lei deve essere a nostra disposizione.

Giro d'Italia con un clic

– Con i soldi pensate di comprare tutto?
– Non dica così: questo è uno scambio molto equo. Noi paghiamo le Sue ricerche, e Lei fa le ricerche che noi vogliamo. Come si dice? Do ut des.
– E chi mi garantisce che non avete fatto del male al mio amico Roberto?
– Professore, Lei mi delude. Dovrebbe avere capito che noi non facciamo male a nessuno. Sappiamo come convincere le persone senza usare la violenza. E il Suo amico è stato ragionevole, diciamo così.

Poi parla ai due uomini.

– Dove avete detto che lo avete lasciato?
– Sul Gran Sasso.

Filippo li guarda stupito.

– Dove? Sul Gran Sasso? Ma non era in Sicilia?
– Ha detto bene, professore, – dice Parini – era in Sicilia. Ma Lei sa bene che con il *Ciaociao* si può arrivare in un attimo dove si vuole. A proposito, ragazzi, dove avete messo il *Ciaociao* che avete preso all'amico del professore?
– Ce l'ha lui... – dice esitante quello alto.
– Io? Ma no, ce l'hai tu!
– Io non ce l'ho! Dai, non scherzare, dammelo!
– Non ricordi che te l'avevo dato? – Guarda nelle tasche.

Parini li guarda nervoso:

– Basta con questo teatro! Dov'è il *Ciaociao*?
– Eccolo! – dice l'uomo alto, mentre controlla nelle tasche della

----

note ◄

Do ut des • espressione latina che significa: "do per ottenere qualcosa da te" e si usa spesso quando si vuole intendere che stiamo facendo un favore per averne uno in futuro a nostra volta.

garantisce (inf. garantire) • dà la garanzia, assicura *Devo chiedere soldi alla banca: dal momento che non ho un lavoro, mio madre garantisce per me.*

Giro d'Italia con un clic   35

giacca. – È vero, ce l'avevo io. Ma perché c'è scritto ancora "Sicilia"?
– Fammi vedere – dice l'uomo basso.
– No, stai fermo, lascia!
– Sta fermo tu, voglio solo vedere...
– No...!

CLIC!

fai gli ESERCIZI
vai a pagina 58

12 • All'aeroporto

Roberto arriva a Taormina e va subito alla spiaggia, ma non trova Nadia. "Immaginavo che non fosse più qui", pensa, "ma ci ho provato". Allora va in centro. Cammina per le strade di Taormina e cerca Nadia: il centro della città è pieno di turiste e di turisti: tutte le donne con i capelli lunghi e neri sembrano Nadia, ma lei non c'è. Roberto non sa cosa fare. Alla fine, decide di andare all'ufficio informazioni.

– Una ragazza toscana con i capelli neri? Sì, signore. Adesso deve essere sul pullman per Catania.
– Il pullman per Catania?
– Sì, signore. Il pullman dovrebbe arrivare a Catania... – guarda l'orologio – tra un quarto d'ora.

Quindici minuti dopo, il pullman di Nadia si ferma all'aeroporto di Catania. Nadia scende. Guarda i voli per Firenze. Ce n'è uno alle otto e un quarto e uno alle nove e mezza. Fa un biglietto per il primo volo. Pensa a Roberto. Ha paura per lui. "Se mi preoccupo così tanto per lui, forse lo amo", pensa. Poi va al bar. Si ricorda che non ha mangiato niente da quando ha preso l'aperitivo a Roma con Roberto. Ma non ha fame.

– Un caffè, per favore – dice al barista.

Il barista è un ragazzo moro con i capelli ricci.

– Solo un caffè? Non prende niente da mangiare? Abbiamo i cannoli freschi freschi!
– No, grazie, non ho fame.
– Ma come, nemmeno un arancino? Li facciamo noi, sono buonissimi!
– Un arancino? Sì, grazie, perché no... Ma è vero che si dice anche *arancina*?
– Sì, ma qui a Catania diciamo *arancino*. Nella zona di Palermo usano il femminile. Maschile o femminile, è una delizia! Assaggi! Offro io!

Nadia prende l'arancina e dà un piccolo morso.

– È davvero buono! – e ne mangia un altro pezzo.
– Eh, questi li fa mia zia con le sue mani! Vede? – dice il cameriere – Quando le cose sono buone, la fame arriva!

Nadia mangia e sorride. Poi pensa a Roberto: "Chissà dov'è..."
Roberto in realtà è lì, è appena arrivato all'aeroporto. Sta leggendo la lista dei voli. Ricorda che durante la passeggiata Nadia gli ha detto che lei abita a Firenze. "C'è un volo per Firenze alle otto e un quarto." legge. "Forse ce la faccio." Corre a fare il biglietto e poi va all'imbarco.

– Uscita 34, signore. L'imbarco inizia tra pochi minuti.
– Grazie.

Mentre cammina verso l'uscita 34, Roberto vede il bar, ha voglia di un caffè. Il suo caffè numero sette. Ma non ha tempo. La cosa più importante è trovare Nadia. Anche lei dev'essere all'uscita 34. "Devo correre", pensa.

---

note ◂

freschi freschi • molto freschi. In italiano, ripetere un aggettivo significa spesso dare più forza al suo significato *Sono arrivati proprio adesso questi panini freschi freschi.*
arancino (o arancina) • specialità della cucina siciliana a base di riso.
Assaggi (inf. assaggiare) • provi, prenda un po' del cibo per provarne il sapore *Signora, l'uva è freschissima! Assaggi!*

morso

Giro d'Italia con un clic

In quel momento, Nadia sta finendo di bere il suo caffè al bar. L'arancino è per metà ancora nel piatto. Poi vede due uomini che discutono animatamente.

– Sei uno stupido! – sta gridando uno dei due all'altro.
– Dammi quell'apparecchio, tu non lo sai usare! Per colpa tua siamo finiti di nuovo in Sicilia!

Ma sì, sono loro, l'uomo alto e l'uomo basso che erano in spiaggia quel pomeriggio e che sono spariti con Roberto! Hanno in mano il *Ciaociao*. "Devo prenderlo", pensa Nadia. "Ma come?"
Poi ha un'idea.

– Scusate, signori, ho bisogno di aiuto. – dice mentre cammina verso l'uomo basso, che ha in mano il *Ciaociao*.
– Un aiuto? Certo! – risponde l'uomo, e mentre parla mette in tasca il *Ciaociao*. – Cosa succede?
– Ho paura, un uomo mi segue! – dice Nadia.

Nadia abbraccia l'uomo basso. In quel momento vede Roberto.
Sì, è proprio Roberto, ma dove sta correndo?
"Devo fare presto", pensa Nadia: mette una mano nella tasca dell'uomo basso e prende il *Ciaociao*. Poi corre via.

– Ma... cosa fa? – chiede l'uomo basso. – Mi dia quell'apparecchio!
– Stupido, non hai visto chi è quella? – dice l'uomo alto. – È la ragazza della spiaggia. Presto, prendiamola!

Ma è troppo tardi. Nadia è già lontana.

– Ciao ciao, belli!

E... CLIC!

fai gli ESERCIZI
vai a pagina 59

▶ note

segue (inf. seguire) • cammina dietro, fa la stessa strada
In casa, il mio cane mi segue sempre come un'ombra.

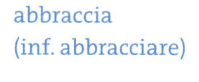abbraccia
(inf. abbracciare)

13 • Cannoli e baci

Nadia è sparita con il *Ciaciao* davanti ai due uomini.

– Sei uno stupido! Adesso abbiamo perso il *Ciaociao*! – dice quello alto.
– Io stupido? E tu, allora? È colpa tua se siamo tornati qui in Sicilia! Adesso però dobbiamo trovare la ragazza.
– Trovarla e come? Sicuramente non è più qui. Non è così stupida da rimanere in aeroporto. Con il *Ciaociao* può andare dove vuole.
– È vero. E il problema più grosso, per noi, è che ora lei ha il *Ciaociao*.
– Dobbiamo telefonare al boss. – dice il basso.
– No: TU devi telefonare al boss. La colpa è tua.
– Mia? – chiede l'uomo basso. – Sì, forse questa volta hai ragione: lo chiamo io. Ma prima devo mangiare qualcosa.

Vanno al bar. L'uomo basso ordina un cannolo.

– Un cannolo? – chiede quello alto. – Ma ti sembra il momento?
– Devo chiamare il boss, no? Ho bisogno di mangiare qualcosa di dolce, prima. Cosa c'è di meglio di un bel cannolo siciliano?
– Tu sei strano, lo sai? – dice l'uomo alto.
– Perché strano? I cannoli danno energia e a me... danno anche ottimismo!

Dopo il primo cannolo, l'uomo basso ne ordina anche un secondo, poi un terzo...

– Adesso basta! – dice l'uomo alto. – Smettila di mangiare e telefona al capo!

---

note ◄

ottimismo • atteggiamento positivo *Per vivere felici bisogna avere ottimismo.*

– Va bene, ora lo chiamo. – dice il basso lasciando il terzo cannolo a metà. – Speriamo che non si arrabbi troppo...
– Si arrabbierà sicuramente. – dice quello alto, che intanto finisce la metà rimasta del cannolo. – Ehi, ma è veramente buono!
– Siete due stupidi! – dice Parini, molto arrabbiato, dopo che l'uomo basso gli ha raccontato cos'è successo. Ma poi pensa: "Per fortuna un *Ciaociao* sa sempre dov'è l'altro *Ciaociao*." Prende il *Ciaociao* che ha in tasca, quello di Filippo Vinci. Guarda sul monitor. Sorride. Fa una telefonata.

Intanto, all'uscita 34 dell'aeroporto di Catania, l'imbarco è quasi finito. Roberto sale sull'aereo per ultimo. Cerca con gli occhi Nadia, ma Nadia non c'è. "Ero convinto che fosse su questo aereo", pensa. "Non so nemmeno dove abita. Forse non ci vedremo più..."
Dopo meno di un'ora, l'aereo di Roberto atterra puntuale a Firenze. Roberto scende e cammina verso l'uscita; è molto stanco e vuole solo dormire. Pensa ancora a Nadia e ancora, come in Sicilia, tutte le donne con i capelli neri che vede assomigliano a lei. Ma una di queste donne sorride. Lo saluta. Quella donna è davvero Nadia!

– Nadia! Ma come...?
– Ciao Roberto. Non mi dai un bacio?
– Un bacio...? Uno solo?

Ma in quel momento arrivano tre uomini con gli occhiali neri. Nadia e Roberto capiscono che sono qui per loro e iniziano a correre. I tre uomini li inseguono. Nadia stringe la mano di Roberto, prende il *Ciaociao* e...

CLIC!

Milano, casa di Roberto. Nadia e Roberto sorridono.

– Come fai a sapere che abito qui? – chiede Roberto.
– Nel *Ciaciao* c'è la lista dei movimenti. Il primo movimento del giorno è questo. E tu sei di Milano, no?

– Sì, ma.... – Roberto pensa alle parole di Filippo. – Ma un *Ciaociao* sa sempre dov'è l'altro! E io non ho saputo disattivare questa funzione!
– Non ti preoccupare... – dice Nadia, e prende il *Ciaociao*.
– Ecco! – dice.
– Cosa? – chiede Roberto
– Vedi qui? "Ricerca altro dispositivo: attiva / non attiva."
– Tu l'hai trovata subito! E... Hai messo "non attiva"?
– Sì. L'ho messa già quando eravamo a Firenze. Ora non possono più sapere dove andiamo.

Nello stesso momento, in Valle d'Aosta , nel laboratorio di Filippo, Parini guarda il suo *Ciaociao* ed è furioso.

– Professore, cosa succede? Perché non trova più l'altro?
– Non lo so... – dice Filippo.
– Le ricordo, professore, che Lei adesso lavora per me. E La paghiamo anche molto bene...

Filippo sa bene che la funzione per la ricerca dell'altro dispositivo si può disattivare. Ma non lo dice. Dice solo:

– Forse l'altro *Ciaociao* non funziona più. Probabilmente la batteria è scarica. Lo hanno usato molto, oggi.
– Speriamo... E lo deve sperare anche Lei, professore.

Parini esce. Filippo Vinci sorride.

fai gli ESERCIZI
vai a pagina 61

14 • Finale in gondola

Due anni dopo, Roberto e Nadia sono insieme. Abitano a Firenze a casa di Nadia: Roberto ha preferito lasciare Milano per vivere con lei in una delle città più belle del mondo. Anche adesso, Roberto ha sempre tanti lavori e pochi soldi, ma lui e Nadia sono felici: Nadia lavora molto, ma nei week end fanno gite in posti bellissimi della Toscana, che Roberto non ha mai visto, e dove forse nemmeno il *Ciaociao* potrebbe arrivare. A proposito: il *Ciaociao* riposa in un cassetto, Roberto non ha più voluto usarlo. Ma oggi è un giorno speciale. È venerdì. Sono le quattro di pomeriggio.
Tra un'ora Nadia esce dall'ufficio. Roberto beve il suo caffè numero sette. Guarda fuori dalla finestra. Anche sotto casa di Nadia c'è un bar e un uomo con un cane che legge il giornale seduto a uno dei tavoli sulla strada. Il cane dorme. Ogni tanto alza la testa. L'uomo dice: – Buono, Briciola. – e il cane abbassa la testa. A un tavolo vicino, degli anziani parlano di politica, di sport o di tutte e due le cose insieme.
Roberto si veste, prepara una valigia. Ci mette dentro qualche vestito suo e qualche vestito di Nadia. Poi apre il cassetto e prende il *Ciaociao*. Alle cinque e mezzo Nadia torna a casa.

– Ciao, amore!
– Ciao...
– Perché quella faccia?
– Che faccia? – dice Roberto.
– Perché ridi?
– C'è una sorpresa...
– Che sorpresa?
– Te lo dico dopo, dai. Adesso preparati per uscire.
– Uscire? Dove andiamo? Dai, non fare il misterioso!
– Ti ho detto che è una sorpresa – dice Roberto, e prende il *Ciaociao*.
– Vuoi usare ancora il *Ciaociao*? Ma tu sei matto! – ride Nadia.

Giro d'Italia con un clic   43

– Solo per questo fine settimana... La valigia è pronta. Dove vuoi andare?
– Roberto.... sei sicuro?
– Che ne dici di un week end a Venezia? Giro in gondola e cena sul Canal Grande. Oggi sono due anni che stiamo insieme, ricordi?
– Sì, certo!
– Allora, Venezia. Va bene?
– Va benissimo, amore.
– Ok, allora... prendo la valigia... la tua mano... pronta?
– Pronta!

CLIC!

fai gli ESERCIZI
vai a pagina 62

Giro d'Italia con un clic

ESERCIZI 1 • Chi c'è in casa?

1 • Completa le seguenti frasi con il presente semplice o il presente progressivo (**stare** + gerundio).

1. Oggi a Milano (essere) __è__ una bella giornata di sole.
2. Roberto di solito (dormire) __dorme__ poco e la mattina (bere) __beve__ molti caffè.
3. Ora sono le nove e mezza e Roberto è in cucina e (preparare) __sta preparando__ il suo quarto caffè.
4. Roberto (guardare) __guarda__ la strada dalla finestra della cucina: una famiglia (entrare) __entra__ in macchina, un uomo con un cane (leggere) __sta leggendo__ il giornale, degli anziani (parlare) __parlano__ / __stanno parlando__ di politica o di sport o di entrambe le cose, una ragazza (salutare) __sta salutando__ un ragazzo.
5. Roberto (vivere) __vive__ da solo e non (avere) __ha__ animali domestici.

I parchi di Milano

Milano è la città della moda e dell'innovazione, ma ha anche numerosi parchi in cui rilassarsi. Il più famoso è il **parco Sempione**, dietro al Castello Sforzesco e a due passi dal Duomo. Lontano dal centro, si trova il **parco Lambro**, che si chiama così dal nome del fiume che lo attraversa. La sua realizzazione è iniziata nel 1939 per creare un luogo di riposo e divertimento per i milanesi. Un po' più a sud, sempre nella periferia est, c'è l'**Idroscalo**, chiamato anche "il mare dei milanesi". È un grande lago artificiale circondato da un ampio parco. Nella periferia ovest c'è il **Monte Stella**: una piccola montagna artificiale alta 50 metri che prende il nome dalla moglie dell'architetto che lo ha progettato. Altri parchi di Milano sono il **Parco Nord**, nella periferia nord della città, il **Parco delle Cave** a ovest e i **Giardini di Porta Venezia**, nel cuore della città.

ESERCIZI 2 • L'invenzione

1 • Scegli la preposizione giusta.

Le isole di Napoli

Quando pensiamo **a / da / per** Napoli immaginiamo subito il Vesuvio, la pizza, il caffè. Non è possibile però ignorare le tre isole che si trovano nel suo golfo: Capri, Ischia e Procida. Capri è sicuramente l'isola più mondana delle tre e **con / d' / a** estate è facile incontrare qualche celebrità che passeggia per le sue strade pedonali. Ma Capri è anche ricca **di / con / per** storia: troviamo qui infatti la villa dell'imperatore Tiberio. A Capri sono famosi anche i faraglioni, tre scogli enormi **in / su / a** sud-est dell'isola, e la Grotta Azzurra, chiamata così per il colore cristallino dell'acqua.
Ischia è l'isola più grande delle tre e la migliore **di / per / da** andare al mare, ma è piacevole anche godersi i suoi locali, bar e ristoranti.
Procida è l'isola più piccola, si può visitare tranquillamente **con / tra / in** un giorno. È stata capitale italiana della cultura nel 2022, proprio per le sue bellezze naturali e le sue spiagge **di / a / su** sabbia nera vulcanica.
Il regista Michael Radford ha scelto proprio Procida **a / da / per** girare il suo film "Il postino", **nel / al / dal** 1994.

Giro d'Italia con un clic   47

2 • Abbina ogni termine al suo significato.

a. celebrità
b. strada pedonale
c. capitale della cultura
d. cristallino
e. scoglio

1. chiaro, pulito e trasparente
2. persona famosa
3. via che si può percorrere solo a piedi
4. grande roccia che si trova nel mare, in un lago o in fiume
5. città scelta ogni anno per valorizzare e promuovere il suo sviluppo culturale

ESERCIZI   3 • Dal Vesuvio alla... Liguria

1 • Indica se le parole sottolineate nel testo sono sinonimi (S) o contrari (C) delle parole nella colonna a destra.

		S	C
I due uomini entrano. Il bar è pieno di gente e c'è un forte, buonissimo, odore di caffè. Uno dei baristi li vede e dice: – Buongiorno, signori! Volete una buona *tazzulella 'e caffè*? – Sì, grazie! – risponde Filippo. – Due caffè! Con pochi rapidi movimenti esperti, il barista prepara il caffè e mette davanti ai due uomini due tazzine e due bicchieri d'acqua. Filippo e Roberto sanno bene che prima di bere un buon caffè bisogna pulire la bocca con un po' d'acqua. Poi bevono il caffè. – È straordinario! – dice Roberto. – Sì – dice Filippo. – Secondo me, nessuno in Italia lo fa come in questo bar, qui a Napoli.	1. intenso	☑	☐
	2. pessimo	☐	☑
	3. domanda	☐	☑
	4. lenti	☐	☑
	5. di fronte	☑	☐
	6. è necessario	☑	☐
	7. normalissimo	☐	☑

ESERCIZI   4 • Nadia

1 • Inserisci nelle frasi il verbo *essere* all'indicativo o al congiuntivo presente.

1. Non è il nome più bello del mondo, ma penso che ancora _____ presto per un nome definitivo.
2. Sai che il Vesuvio _____ un vulcano ancora attivo, vero?
3. Questa città _____ bellissima, non trovi?
4. Questo penso che _____ il posto giusto.
5. Vedi quei due uomini? Sono sicuro che _____ qui per me.
6. Loro sanno sempre dove *(io)* _____.
7. Non pensi che _____ pericoloso?
8. Roberto non riesce a capire dove *(lui)* _____.
9. "_____ inevitabile", pensa Roberto.

2 • Completa il testo con le parole della lista. Attenzione: c'è una parola in più.

strada	chilometri	macchine	gita	segnale
cartello	campagna	camion	città	torre pendente

Un forte rumore di _____. Roberto non riesce a capire dove sia: _____ da una parte, una _____ dall'altra. Sulla strada, molte macchine, _____, moto. Una strada, ma non di una _____. Una strada che va da una città all'altra. Ma dove? C'è un _____ poco lontano. Roberto legge: "Pisa 21". Quindi, pensa, Pisa è a 21 _____ da lì. "È inevitabile", pensa Roberto: "quando penso a Pisa, non posso non pensare alla _____..." Poi ricorda per un momento una _____ a Pisa con la scuola, quando aveva 15 anni.

3 Completa il testo con le frasi della lista.

a. eseguita sulla parete posteriore del Convento dei Frati Servi di Maria
b. Pisa ha anche una vita culturale ricca e intensa
c. mentre si cammina per le sue strade e i suoi vicoli
d. soprattutto durante il Medioevo, quando era una ricca e potente repubblica marinara
e. tra il dodicesimo e il quattordicesimo secolo
f. ed è una delle mete turistiche più famose in Italia

Pisa

Le origini di Pisa sono molto antiche, ma inizia a essere una città importante ____d____. In questa città è possibile ammirare le tante splendide case e i palazzi in stile gotico e rinascimentale ____c____. Pisa è conosciuta soprattutto per la **Piazza del Duomo**, chiamata anche **Piazza dei Miracoli**. In questa piazza troviamo il **Duomo**, il **Battistero**, il **Camposanto** e il **Campanile di Santa Maria**, meglio conosciuto come la **Torre Pendente**. Questa torre, con sette enormi campane al suo interno, è stata realizzata ____e____ e si è inclinata poco dopo la sua costruzione. Tra il 1990 e il 2001 sono stati fatti lavori di consolidamento. Adesso si può visitare in tutta tranquillità ____f____. Ma a Pisa è anche presente l'arte contemporanea: nel 1989 qui è stato realizzato **Tuttomondo**, l'ultimo murale di Keith Haring, un'opera di 180 metri quadrati, ____a____, non lontano dalla stazione ferroviaria.
____b____: l'Università di Pisa è una delle più antiche in Italia, ma le istituzioni più prestigiose sono la **Scuola Superiore di Sant'Anna** e soprattutto la **Scuola Normale Superiore**, fondata nel 1810. Qui hanno studiato i premi Nobel Giosuè Carducci, Enrico Fermi, Carlo Rubbia.

ESERCIZI 5 • Nel laboratorio

1 • Completa con i verbi al congiuntivo presente.

1. Sembra che il professor Vinci *(essere)* __sia__ tanto intelligente quanto ingenuo.
2. Filippo può continuare il suo lavoro a condizione che *(accettare)* __accetti__ la proposta di Alfredo Parini.
3. Alfredo Parini suppone che il suo nome non *(dire)* __dica__ niente a Filippo.
4. Filippo immagina che le persone di cui parla Alfredo *(essere)* __siano__ i proprietari delle compagnie aeree, delle case automobilistiche, di tutte le aziende a cui il teletrasporto crea problemi.
5. Alfredo e i suoi uomini non vogliono che Filippo *(smettere)* __smetta__ di lavorare, ma vogliono che lui non *(lavorare)* __lavori__ più sul *Ciaociao*.
6. Alfredo ha più paura che alcune persone *(perdere)* __perdano__ il loro potere che altre *(rimanere)* __rimangano__ senza lavoro.
7. Alfredo e i suoi uomini vogliono che Filippo *(dimenticare)* __dimentichi__ il suo progetto del teletrasporto.

2 • Abbina ogni aggettivo al suo contrario.

1. ingenuo — e
2. rinnovabile — h
3. elegante — a
4. spaventato — c
5. pericoloso — f
6. avanzato — d
7. relativo — b
8. importante — g

a. trasandato
b. assoluto
c. sereno
d. arretrato
e. furbo
f. sicuro
g. insignificante
h. esauribile

Giro d'Italia con un clic   51

ESERCIZI

6 • Aperitivo a piazza Navona

1 • Completa il testo con le parole della lista.

forma	famose	capolavoro	fontana	pittore
romano	incontro	edificio	circolare	
tempio	tombe	luce	mete	

Piazza Navona

È una delle piazze più _famose_ e centrali di Roma e tra le principali _mete_ turistiche della città. La sua _forma_ particolare è dovuta all'antico stadio _romano_ su cui è stata costruita. Al centro di Piazza Navona troviamo la _fontana_ dei Quattro Fiumi, opera di Gian Lorenzo Bernini. Oltre a essere un grande _capolavoro_ dell'arte barocca, questa piazza è un vivace punto d'_incontro_ per gli artisti di strada.

Pantheon

Il Pantheon è l'_edificio_ dell'antica Roma meglio conservato. Come dice il suo nome, era un _tempio_ dedicato a tutti gli dèi. È un edificio di forma _circolare_ coperto da una cupola aperta, da cui entra un raggio di _luce_ che illumina l'interno.

Adesso il Pantheon, oltre a essere una chiesa, è anche un mausoleo, in cui troviamo le _tombe_ dei re e delle regine d'Italia e di altri italiani illustri, come il _pittore_ Raffaello Sanzio.

ALMA Edizioni • Letture Italiano Facile

ESERCIZI — 7 • Da Pisa alla Sicilia

1 • Cosa dicono queste persone? Scrivi gli ordini usando l'imperativo formale o informale, come nell'esempio.

1. Filippo ordina a Roberto di scappare.
(informale) _Roberto, scappa!_
2. Filippo dice a Roberto di guardare il monitor sul *Ciaociao*.
(informale) _____
3. Filippo chiede a Roberto di dirgli che posto vuole visitare.
(informale) _____
4. Alfredo Parini dice a Filippo di non avere paura.
(formale) _____
5. Gli uomini di Alfredo Parini ordinano al professore di prendere l'apparecchio.
(formale) _____
6. Filippo dice a Roberto di stare attento.
(informale) _____
7. Gli uomini di Alfredo Parini ordinano a Roberto di dare loro il *Ciaociao*.
(formale) _____

2 • Riscrivi le frasi sostituendo le parole sottolineate con i pronomi doppi, come nell'esempio.

1. Adesso devi ridare il *Ciaociao* a me.
Adesso me lo devi ridare. / devi ridarmelo.
2. Nadia vuole offrire un aperitivo a Roberto.
Nadia vuole offrirglielo
3. Gli uomini del soccorso stradale devono riparare la macchina a te.
ripartarlela
4. Roberto vuole mostrare la città a Nadia.
mostrartela gliela
5. Professore, deve consegnare i due *Ciaociao* a noi.
consegnarceli

ESERCIZI   8 • Dal Gran Sasso a Taormina

1 • Completa il testo con le frasi della lista.

a. e il più a sud in Europa
b. il più grande laboratorio scientifico sotterraneo del mondo
c. uno dei parchi più grandi d'Italia
d. più piccole dell'universo
e. il gruppo di montagne più alto

Il Gran Sasso

Il Gran Sasso d'Italia (chiamato anche semplicemente Gran Sasso) è _____ e _____ degli Appennini e si trova in Abruzzo, nel centro Italia. All'interno del gruppo montuoso c'è il Parco Nazionale del Gran Sasso, _____ c _____, che unisce le sue bellezze naturali a piccoli borghi medievali, castelli e rovine. Le specie vegetali che troviamo qui rappresentano più di un quinto della flora europea. Altre attrazioni naturali importanti di questa zona sono il ghiacciaio del Calderone, l'unico ghiacciaio degli Appennini _____ a _____, e l'altopiano di Campo Imperatore, chiamato "Piccolo Tibet".
Oltre alla natura, il Gran Sasso è importante anche dal punto di vista della ricerca scientifica, poiché qui, a 1400 metri sottoterra ci sono i Laboratori Nazionali del Gran Sasso, che fanno parte dell'Istituto Nazionale di Fisica Nucleare. Questo, insieme al CERN, è _____ b _____ e tra gli studi che si svolgono qui ci sono anche quelli sulle particelle _____ d _____.

Il Gran Sasso è un ottimo luogo di villeggiatura in ogni stagione, poiché in estate si possono fare escursioni attraverso i sentieri del parco, mentre in inverno è possibile praticare sport invernali.

54   ALMA Edizioni • Letture Italiano Facile

ESERCIZI 9 • Visita a Taormina

1 • Indica se le parole sottolineate nel testo sono sinonimi (S) o contrari (C) delle parole nella colonna a destra.

		S	C
Intanto Nadia ha lasciato la spiaggia ed è <u>arrivata</u> alla città di Taormina con il bus. <u>Cerca</u> l'ufficio informazioni e <u>chiede</u> come può arrivare a Catania. A Catania c'è l'aeroporto, dove può prendere un aereo per Firenze, dove vive. Un viaggio lungo, ma certo <u>meglio</u> così che in treno dalla Sicilia a casa.	1. partita	☐	☐
	2. Trova	☒	☐
	3. domanda	☐	☐
	4. peggio	☐	☐
– Sì, signora, c'è un pullman per Catania, ma parte tra quattro ore.			
– Quattro ore? Ma è <u>sicura</u> che prima non ci sia niente? Non so un treno...	5. certa	☐	☐
– No, <u>mi dispiace</u>, signora. Per Catania ci sono solo pullman. E oggi ci sono ritardi, il <u>prossimo</u> pullman è solo tra quattro ore.	6. sono spiacente	☐	☐
	7. precedente	☐	☐
– Capisco... Potrei avere una <u>mappa</u> della città?	8. cartina	☐	☐
– Certo! Prego!			

Giro d'Italia con un clic   55

2 • Mentre Nadia pensa alla sua giornata, si chiede: "E se fosse davvero un sogno?". Formula altre domande con il congiuntivo imperfetto, come nell'esempio.

1. Roberto / essere / ancora con i due uomini.
E se Roberto fosse ancora con i due uomini?
2. Filippo / accettare / la proposta di Alfredo Parini.
_____
3. Il *Ciaociao* / non creare / problemi ai poteri forti.
_____
4. Alfredo Parini / distruggere / il *Ciaociao*.
_____
5. Nadia / non riuscire / a tornare a casa.
_____

3 • Scegli la preposizione giusta.

Taormina

Taormina è una piccola città **nel** / sul / dal nord della Sicilia, vicino allo Stretto di Messina e al vulcano Etna. Si trova su una collina a picco dal / nel / **sul** mare e nel Settecento e Ottocento è stata una delle mete del *Grand Tour*, il viaggio che i giovani aristocratici facevano **per** / a / di conoscere meglio la storia e la cultura europea.
La sua storia ha origine sui / ai / **dei** tempi dell'antica Grecia: ne è testimonianza soprattutto il suo teatro del terzo secolo prima di Cristo. Nell'Ottocento ha affascinato molti viaggiatori, artisti e scrittori, in / **tra** /con cui Goethe, che apprezzava soprattutto il bellissimo panorama che si può ammirare **dalle** / con le / nelle sue gradinate.
Un altro luogo simbolo di questa città è l'Isola Bella, che dal / **nel** / al 1998 è una riserva naturale. È collegata alla terraferma per / da / **a** una striscia di sabbia e si può raggiungere da Taormina con una funivia. Nell'isola è possibile visitare Villa Bosurgi, una villa molto particolare che si confonde **con la** / dalla / per la natura in maniera davvero suggestiva. Ma Taormina è anche una meta per chi ama il mare della Sicilia: è possibile infatti anche fare il bagno e prendere il sole dalle / **sulle** / alle sue spiagge.

# ESERCIZI 10 • Due viaggi

1 • Inserisci i verbi al congiuntivo presente o al congiuntivo imperfetto.

1. Mentre aspetta che *(passare)* _____ qualche macchina, Roberto guarda il panorama.
2. Roberto deve raggiungere Nadia prima che *(essere)* _____ troppo tardi.
3. Nadia vorrebbe che Roberto *(stare)* _____ bene.
4. Roberto era felice che l'uomo anziano *(essere)* _____ campione di rally, ma aveva paura che *(guidare)* _____ troppo veloce.
5. Roberto è riuscito a comprare un biglietto prima che l'aereo *(partire)* _____.
6. Roberto vuole una macchina che *(andare)* _____ veloce perché ha molta fretta.
7. Nadia è preoccupata che Roberto *(trovarsi)* _____ ancora con i due uomini.
8. Roberto non sapeva che sul pullman *(esserci)* _____ Nadia.

2 • Inserisci le parole della lista al posto giusto. Attenzione: c'è una parola in più!

| strada | vede | minuto | tramonto |
| bordo | immerso | opposto | nota |

Roberto parte senza aspettare un __minuto__.
Deve assolutamente raggiungere Nadia, prima che sia troppo tardi. Mentre guida, ripensa a lei, a quanto sono stati bene insieme. È sera, il sole al __strada__ colora di rosso la __nota/strada__. Rosso come la Lancia che Roberto sta guidando, __immerso__ nei suoi pensieri. Forse per questo non __vede__ il pullman azzurro che viaggia in senso __opposto__, in direzione di Catania. A __bordo__ c'è Nadia. Ma Roberto non può saperlo.

ESERCIZI   11 • L'accordo

1 • Leggi il testo e poi completa le frasi con i comparativi di maggioranza e di minoranza e i superlativi relativi.

Le montagne della Valle d'Aosta

In Valle d'Aosta ci sono molte tra le cime più importanti d'Italia.
Il **Monte Bianco**, alto 4.807 metri, è la montagna più alta non solo d'Italia e delle Alpi, ma anche d'Europa.
Il **Monte Rosa** è la seconda montagna più alta d'Italia (4.634 metri). Si trova al confine con la Svizzera e il suo nome non deriva dal colore, ma da un'antica parola che significa "ghiacciaio".
Il **Cervino** (4.478 metri) è la terza montagna più alta d'Italia. Si trova a est del Monte Rosa e ha una caratteristica forma a piramide.
A sud, infine, troviamo il **Gran Paradiso**, con i suoi 4.061 metri. Si trova all'interno del Parco Nazionale del Gran Paradiso, il primo parco nazionale d'Italia, creato nel 1922.

1. Il Monte Rosa è __meno__ alto __del__ Monte Bianco.
2. Il Cervino è __più__ alto __del__ Gran Paradiso.
3. In Valle d'Aosta ci sono molte tra le cime __più__ importanti __d'__ Italia.
4. Il Monte Bianco è la montagna __più__ alta __d'__ Europa.
5. Il Parco Nazionale del Gran Paradiso è il parco __più__ antico __d'__ Italia.

58 ALMA Edizioni • Letture Italiano Facile

ESERCIZI 12 • All'aeroporto

1 • Sostituisci le parole sottolineate con il pronome *ne*, come nell'esempio. Attenzione alle concordanze!

1. Roberto ha bevuto sei <u>caffè</u>.
   Roberto ne ha bevuti sei.
2. Il cameriere ha offerto <u>un arancino</u> a Nadia.
   ne ha offerto uno a Nadia
3. A Taormina, Roberto ha visto tante <u>donne con i capelli neri</u>.
   ne ha viste tante
4. Sul tabellone all'aeroporto ci sono due <u>voli per Firenze</u>.
   ci ne sono due
5. Roberto ha comprato un <u>biglietto per Firenze</u>.
   ne ha comprato uno
6. Nadia ha mangiato mezzo <u>arancino</u>.
   ne ha mangiato mezzo

Arancino o arancina

L'arancino o arancina è una palla di riso fritta nell'olio, ripiena in vari modi: quella più classica è con ragù di carne e piselli, ma ci possono essere anche altre varietà. Le sue origini risalgono alla dominazione araba della Sicilia, intorno all'anno Mille.

Ma si chiama "arancino" o "arancina"? La differenza è soltanto locale, poiché si chiama "arancina" a Palermo e, in generale, nella Sicilia occidentale, dove di solito ha una forma rotonda, proprio come un'arancia; si chiama "arancino" invece a Catania, dove generalmente ha una forma a cono per ricordare il vulcano Etna. È il più famoso cibo di strada siciliano, ma gli arancini si possono trovare anche nei buffet o possono accompagnare gli aperitivi.

Giro d'Italia con un clic

2. Completa il cruciverba.

Orizzontali
2. Una condizione favorevole.
4. Il momento in cui si sale sull'aereo.
6. Provare un cibo.
7. Il contrario di capelli "lisci".
9. In modo energico.
10. Riuscire in qualcosa.
11. Un tipico dolce siciliano.

Verticali
1. Stringere qualcuno con le braccia.
3. Cartellone luminoso con gli orari dei treni o degli aerei.
5. Andare dietro a qualcuno.
8. Una pallina fritta a base di riso, tipica della Sicilia.

ESERCIZI  13 • Cannoli e... baci

1 Collega i verbi pronominali al loro significato.

1. smetterla
2. andarsene
3. farcela
4. entrarci
5. avercela
6. prendersela

a. riuscire a fare qualcosa
b. avere un'antipatia o essere arrabbiato con qualcuno
c. offendersi, arrabbiarsi
d. finire di fare qualcosa o interrompere qualcosa
e. avere una responsabilità o essere coinvolto in qualcosa
f. andare via

2 Adesso completa le frasi con i verbi pronominali dell'esercizio 1, al modo e al tempo giusto.

1. Quando Roberto ha guardato il tabellone dei voli all'aeroporto e ha visto che c'era un volo per Firenze, ha pensato: "Forse ~~ce la faccia~~ *ce la faccio*".
2. Nadia ha usato il *Ciaociao* per _andarsene_ dall'aeroporto di Catania.
3. Mentre l'uomo basso mangiava il cannolo, l'uomo alto gli ha detto: "_smettila_ di mangiare e telefona al capo!".
4. Quando c'è qualche problema, Parini _se la prende_ sempre con i suoi uomini.
5. Roberto ha avuto problemi a causa del *Ciaociao*, anche se lui non ____ ____ niente.
6. I poteri forti ____ ____ con Filippo perché la sua invenzione può danneggiare i loro affari.

ESERCIZI 14 • Finale in gondola

1 • Inserisci la preposizione giusta negli spazi vuoti

| da | con | tra | di | in | di |

| di | su | di | da | a | tra |

Le gondole

La gondola è la tipica barca che si usa nella laguna di Venezia.
È così famosa __da__ essere quasi un simbolo della città e ha alcune caratteristiche molto specifiche: è lunga circa 11 metri, ha il fondo piatto ed è asimmetrica: infatti, il lato sinistro è più largo __di__ quello destro, in modo che il gondoliere possa manovrare la barca __con__ un solo remo.
La sua forma si è evoluta nel corso dei secoli, fino ad avere l'aspetto attuale all'inizio del Novecento.
Ma perché le gondole sono nere? Il motivo risale al periodo tra il 1500 e il 1600: a quell'epoca, le famiglie veneziane più ricche dimostravano il loro potere anche viaggiando __in__ gondole eleganti e costose e ____ di loro c'era una vera competizione a possedere la gondola più lussuosa e colorata, anche con il rischio ____ andare in rovina per le spese troppo alte. Il Senato allora, ha deciso che le gondole fossero tutte dipinte ____ nero.
La costruzione di una gondola è molto lunga e complessa (una gondola è fatta di 280 pezzi!) e richiede molti mesi. Il luogo dove si costruiscono le gondole si chiama *squero* ed è formato ____ un piccolo edificio dove si svolge il lavoro e si conservano gli attrezzi, di fronte ____ cui c'è un piano inclinato verso il canale, per permettere alle barche ____ scendere in acqua. Lo squero più famoso è quello di San Trovaso, che è ____ i più antichi ed è uno dei pochi che ancora oggi sono ____ attività.

SOLUZIONI ESERCIZI

1 • Chi c'è in casa

1• 1. è; 2. dorme, beve; 3. sta preparando; 4. guarda, sta entrando, sta leggendo, stanno parlando, sta salutando; 5. vive, ha

2 • L'invenzione

1• a, d', di, a, per, in, di, per, nel
2• a/2; b/3; c/5; d/1; e/4

3 • Dal Vesuvio alla… Liguria

1• 1/S; 2/C; 3/C; 4/C; 5/S; 6/S; 7/C

4 • Nadia

1• 1. sia; 2. è; 3. è; 4. sia; 5. sono; 6. sono; 7. sia; 8. sia; 9. È
2• macchine, campagna, strada, camion, città, chilometri, torre pendente, gita
3• d, c, e, f, a, b

5 • Nel laboratorio

1• 1. sia; 2. accetti; 3. dica; 4. siano; 5. smetta, lavori; 6. perdano, rimangano; 7. dimentichi
2• 1/e; 2/h; 3/a; 4/c; 5/f; 6/d; 7/b; 8/g

6 • Aperitivo a piazza Navona

1• famose, mete, forma, romano, fontana, capolavoro, incontro, edificio, tempio, circolare, luce, tombe, pittore

7 • Da Pisa alla Sicilia

1• 1. Roberto, scappa!; 2. Roberto, guarda il monitor sul *Ciaociao*!; 3. Roberto, dimmi che posto vuoi visitare!; 4. Filippo, non abbia paura!; 5. Professore, prenda l'apparecchio!; 6. Roberto, stai / sta' attento!; 7. Roberto, ci dia il *Ciaociao*!
2• 1. Adesso me lo devi ridare; 2. Nadia glielo vuole offrire. / vuole offrirglielo; 3. Gli uomini del soccorso stradale te la devono riparare. / devono riparartela; 4. Roberto gliela vuole mostrare. / vuole mostrargliela; 5. Professore, ce li deve consegnare! / deve consegnarceli.

8 • Dal Gran Sasso a Taormina

1• e, c, a, b, d

9 • Visita a Taormina

1 • 1/C; 2/C; 3/S; 4/C; 5/S; 6/S; 7/C; 8/S

2 • 1. E se Roberto fosse ancora con i due uomini?; 2. E se Filippo accettasse la proposta di Alfredo Parini?; 3. E se il *Ciaociao* non creasse problemi ai poteri forti?; 4. E se Alfredo Parini distuggesse il *Ciaociao*?; 5. E se Nadia non riuscisse a tornare a casa?;

3 • nel, sul, per, ai, tra, dalle, dal, da, con la, sulle

10 • Due viaggi

1 • 1. passi; 2. sia; 3. stesse; 4. fosse, guidasse; 5. partisse; 6. vada; 7. si trovi; 8. ci fosse

2 • minuto, tramonto, strada, immerso, vede, opposto, bordo

11 • L'accordo

1 • 1. meno, del; 2. più, del; 3. più, d'; 4. più, d'; 5. più, d'

12 • All'aeroporto

1 • 1. Roberto ne ha bevuti sei; 2. Il cameriere ne ha offerto uno a Nadia; 3. A Taormina, Roberto ne ha viste tante; 4. Sul tabellone all'aeroporto ce ne sono due; 6. Roberto ne ha comprato uno; 7. Nadia ne ha mangiato mezzo

2 •

13 • Cannoli e... baci

1 • 1/d; 2/f; 3/a; 4/e; 5/b; 6/c

2 • 1. ce la faccio; 2. andarsene; 3. Smettila; 4. se la prende; 5. c'entra; 6. ce l'hanno

14 • Finale in gondola

1 • da, di, con, su, tra, di, di, da, a, di, tra, in